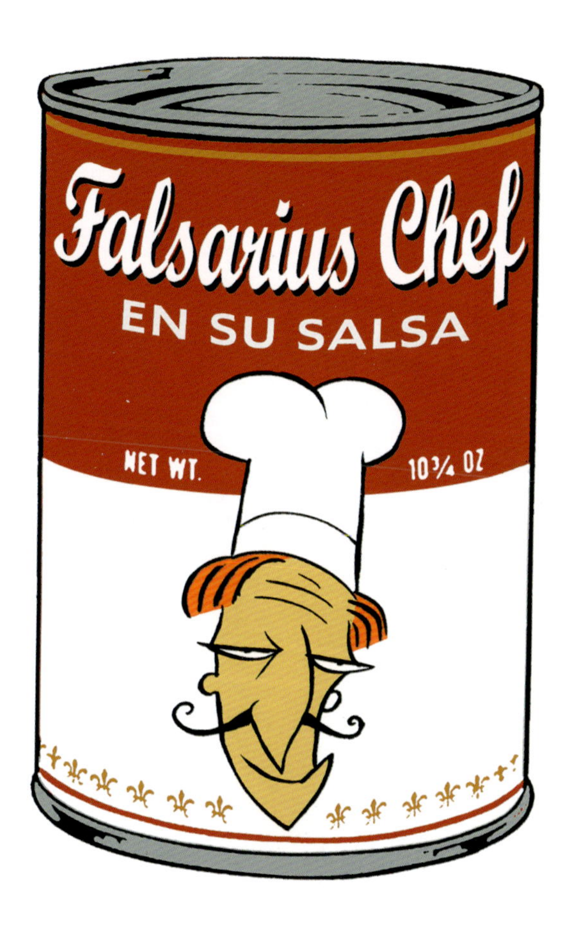

" He decepcionado a mis amigos, he decepcionado a mi país "
Richard Nixon - Presidente de los EEUU

A los lectores de mi blog, por su apoyo, comentarios, trucos, ánimos, broncas y sugerencias varias. Pero sobre todo por enseñarme que el buen humor es el ingrediente más importante de cualquier receta.

Bueno, vale, después de los langostinos.

COCINA PARA IMPOSTORES 2: "FALSARIUS CHEF EN SU SALSA"

Maquetación y diseño: Maldito Lunes S.L.
Fotografía recetas: Falsarius Chef
Dibujo de cubierta: Raúl Arias
Depósito legal: M-49733-2008
ISBN: 978-84-936053-7-7
Filma e imprime: Gráficas Im-tro
El Puerto de Santa María - Octubre 2008
COMPAÑÍA ORIENTAL DE LA TINTA
c.orientaldelatinta@gmail.com

cocinaparaimpostores.blogspot.com

COCINA PARA IMPOSTORES 2

FALSARIUS CHEF EN SU SALSA

ACLARACIÓN PARA MALPENSANTES:

Todas las fotos de las recetas de este libro han sido realizadas por el propio Falsarius Chef.
Y han sido hechas justo después de preparar el plato con los ingredientes que se describen en cada receta.
Sin más artificio.

Para algo que no es impostor, habrá que chulearse.

Mucho han cambiado las cosas desde que hace cosa de año y medio descubrimos a Falsarius Chef. En este breve lapso de tiempo, el cocinero desconocido cuyo irreverente blog nos encantó, se ha convertido en un personaje muy popular, con apariciones semanales en radio y televisión y colaboraciones en publicaciones tan prestigiosas como el diario El País. Su anterior libro "COCINA PARA IMPOSTORES" ha sido un auténtico éxito de ventas y su blog (cocinaparaimpostores.blogspot.com) se acerca como quien no quiere la cosa al millón de visitas. De locos.

Nos consta que el propio Falsarius es el primer sorprendido, pero acostumbrado al anonimato y la clandestinidad, no son estas cuestiones que le quiten el sueño. Afortunadamente, él ha seguido tranquilamente con su trabajo y gracias a ello ahora podemos disfrutar del nuevo recetario que nos propone, "FALSARIUS CHEF EN SU SALSA".

Si en su primer recetario, sentaba las bases de esa revolución gastronómica que ha sido la Cocina Impostora, en este segundo libro, sin perder ni una pizca de sencillez ni eficacia, lleva sus recetas con latas, botes y congelados a un nivel de ingenio y talento que francamente sorprende. Todo un festival de trampas, trucos y deliciosos golpes de efecto, que convierten los humildes productos del ultramarinos de la esquina en engañosas recetas que colarían en cualquier restaurante de moda. Platos baratos, sencillos de hacer, aparentes y además muy ricos. Ha vuelto a superarse, así que ¿se puede pedir más? Pues sí. El toque Falsarius. Ese peculiar sentido del humor, tan suyo, al contar las recetas, que convierte un simple libro de cocina en una divertidísima lectura. Él suele decir a veces que parece mentira que de la suma de un cocinero mediocre y un escritor más mediocre todavía, pueda acabar saliendo un cocinero-escritor mediocrísimo. Creemos que se equivoca. En las dos cosas. Bueno, nadie es perfecto.

LA COMPAÑÍA

Melva al horno sin complejos

Me encanta la melva. Bueno, no tanto como para ir e invitarla a salir o al cine (aunque peor sería salir con un congrio), pero sí lo bastante como para invitarla a cenar en casa. Ella de cena, claro. Para mucha gente la melva es como la hermana pobre del atún y tuercen el gesto cuando se les nombra, como si le hubieran chupado la tripa a un sapo calvo. Pues bien, en su lucha contra la discriminación melvística, Falsarius Chef tiene el placer de sugeriros esta apetitosa receta que a las ya conocidas virtudes nutricionales y gastronómicas de la melva, le añade su capacidad impostora: pocos peces de lata quedan tan aparentes al horno. ¿Y si va la melva y es canutera? Bueno, todos hemos sido jóvenes.

melva al horno sin complejos

Ingredientes: 1 bote de patatas peladas de los de cristal, 1 lata de Melva (en este caso de 320 g. de conservas Tejero, unos 4 €), 1 lata de cebolla frita (Hida, por ejemplo), aceite de oliva virgen extra, sal gruesa y perejil.

Preparación: precalentamos el horno a 210 grados. En una fuente de cristal resistente al horno (Pyrex de esas) vertemos el contenido de la lata de cebolla frita, escurriéndole un poco el exceso de aceite si queremos. Sobre la cebolla vamos poniendo patatas de bote, previamente lavadas y cortadas en lonchas (a lo "pobre", vamos), las regamos con un hilillo de aceite, añadimos sal gruesa al gusto y espolvoreamos con perejil. Metemos la fuente en el horno y la tenemos allí hasta que las patatas cojan un color apetecible (teniendo en cuenta que tanto las patatas como la cebolla están precocinadas, unos 15 minutos pueden bastar. Eso sí, a más tiempo, más tostadillas las patatas). Llega el momento de abrir el horno y, con cuidado, depositar sobre las patatas la melva escurrida del aceite de lata. No le ponemos más sal, que suele traer bastante de casa. En 5 minutos estará lista. Un poco más de perejil y, si acaso y nos gusta, un chorreoncito de limón acabará de redondearnos el marino condumio.

Nota prescindible: esta receta queda también rica con caballa. Por cierto, para lectores puntillosos, por supuesto, en lugar de cebolla frita de lata puede utilizarse cebolla natural como hice yo el día de la foto. Lo único que necesitas es más tiempo libre. Y una cebolla, claro.

Berberechos Sarkozy

Feos, pequeños, insignificantes, hay que ver qué poco nos luce una lata de berberechos. Sobre todo si entre los invitados hay algún mamón de esos, arponero profesional de aperitivos, que de una sola y certera estocada, ensartan diez ejemplares en el palillo y se los zampan de un bocado. En esas disquisiciones andaba abriendo mi lata, cuando apareció en la tele Sarkozy, el popular político francés. Un tipo bajito y más bien del montón, pero que elegido presidente de la república francesa y con Carla Bruni al lado, se convirtió en una estrella. Y de repente la luz se hizo. Miré fijamente el rostro de uno de los berberechos y en sus pequeños ojos tristes vi todo el potencial de un pequeño Sarkozy. Eso sí, para convertirse en una estrella, más que con Carla Bruni y un cargo de presidente, iba a tener que conformarse con limón y un palillo. Oye, para un molusco, tampoco está tan mal.

berberechos sarkozy

Ingredientes: 1 lata de berberechos (un poco decentes, la mía era de los de 30/40 por envase, unos 5 €), 1 limón, Rebocina Royal (preparado instantáneo para rebozar), vinagre y aceite de oliva.

Preparación: abrimos la lata de berberechos y escurrimos el jugo en un vaso, reservándolo porque vamos a usarlo luego. Cortamos un par de rodajas de limón, les quitamos la cáscara y las troceamos en triangulillos que, aunque pequeños, tengan entidad corpórea como para ser pinchados en un palillo. Porque palillos es lo que vamos a utilizar para empalar (por su bien: para estar guapo hay que sufrir) nuestros berberechos. Para ello procederemos de la siguiente forma. Clavamos dos berberechos en el palillo, un triangulito de limón en medio, y otros dos berberechos. Así con todos hasta acabar el contenido de la lata. Reservamos las brochetillas. En un plato hondo ponemos dos cucharadas de Rebocina y en lugar de con agua, hacemos la pasta con el caldo de los berberechos, siguiendo las instrucciones. Antes de rebozarlas, mojamos el dedo en un poco de vinagre de Jerez y se lo pasamos por encima a las brochetas para que cojan un poco de sabor. Una gota, muy poca cosa, en plan sutil. Hecho esto, las rebozamos y las freímos en aceite abundante y caliente. Dejadlas escurrir sobre papel de cocina absorbente y a comer. Os van a sorprender.

Judiones a la Operación Bikini

Antes de que lleguen los calores abrasadores que Al Gore (que es como el hombre del tiempo de toda la vida, pero a lo bestia) nos anuncia para el futuro, podemos aprovechar esta fresca primavera para ir despidiéndonos de los guisotes. Y lo vamos a hacer con unas raciales y rotundas judías con manitas de cerdo y chorizo. Hala. Alegría. Basta de miserias innecesarias. Su poderoso poder calórico, además de deleitar debidamente nuestros paladares y saciar nuestros más bajos instintos culinarios, va a sernos de gran utilidad psicológica. Se acabaron las dudas. Tras su ingesta es el momento de empezar la opoeración bikini (bermudas para los caballeros) en su doble modalidad: o empezamos la dieta o tiramos el bikini a la basura. ¿La decisión de Sophie?: una broma.

judiones a la operación bikini

Ingredientes: 1 lata de manitas de cerdo, 1 bote de judiones, chorizo, 3 dientes de ajo, 1 cebolla, pimentón normal y picante, aceite de oliva virgen extra y sal.

Preparación: volcamos en un plato el contenido de la lata de manitas de cerdo y, con cuidado, vamos procediendo a quitarle los pequeños huesecillos que llevan. Aprovechamos el concienzudo despioje, para apartar los grumillos de grasa que encontremos por ahí (y para tranquilizar de paso nuestra pecadora conciencia). En una cazuela ponemos un poco de aceite y, cuando esté caliente, le añadimos la cebolla picada y los tres dientes de ajo un poco aplastados con la mano. Cortamos seis lonchas de chorizo, no muy gruesas y, sin piel, las añadimos al sofrito cuando veamos la cebolla doradilla, aprovechando para poner sal al gusto. Un par de vueltas y le agregamos las manitas de cerdo limpias. Removemos bien mezclando todo y ponemos 1 cucharadita pequeña de pimentón normal y un poco de pimentón picante. Otra vuelta, rápida para que no se nos queme el pimentón, y añadimos un poco de agua (o caldo de brick, si tenemos). No mucha para que luego el guisote nos quede hilado (si vemos que nos quedamos cortos, le añadimos un poco más). Dejamos el invento al fuego unos diez minutos y volcamos en él los judiones previamente enjuagados bajo el grifo. Removemos bien y lo dejamos otros diez minutos a fuego suave y agitando la perolilla de vez en cuando para que el caldo quede con cuerpo. Con cuerpo de rey, que es como vamos a quedarnos nosotros.

Paella Hereje

Atención: la lectura de esta receta puede ser gravemente peligrosa para madres de toda la vida, valencianos militantes, domingueros campestres y/o demás personas para las que la paella es una religión. Falsarius Chef no se hace responsable de los síncopes o patatuses diversos que pudiera provocarle seguir leyendo esta iconoclasta receta de arroz en paella. No quiero líos. Y dicho esto añado: temblad cocinillas presuntuosos. Con esta receta cualquier impostor va a hacer una paella tan rica como la vuestra. Y con el arroz en su punto perfecto. Y en menos tiempo. Id buscando otra cosa para chulearos. Os he jodido.

paella hereje

Ingredientes para dos personas: 2 vasitos de arroz blanco SOS (de los que vienen ya preparados para microondas), 8 gambones (o unas 20 gambas arroceras), 3 alcachofas, 1 cebolla, 2 dientes de ajo, azafrán (o colorante si no hay más remedio), 2 cucharadas de tomate frito (si es marca Hida, mucho mejor), aceite de oliva virgen extra y sal.

Preparación: ponemos a hervir un litro de agua con abundante sal. Cuando borbotee, echad los gambones. Estarán en un par de minutos. Se pelan y se reservan. El caldo lo colamos y lo guardamos también. En una sartén (una normal de 22 cm. valdrá) ponemos a sofreír los ajos y la cebolla picados. Cuando se estén dorando añadimos las alcachofas (se le quitan las primeras hojas, se les corta el rabo y más o menos la mitad de la longitud de las hojas y se trocean), dejamos que cojan un poco de color y añadimos las dos cucharadas de tomate frito y una pizca de sal. Otro poco de "sofreimiento" y le ponemos el caldo de cocer las gambas (como un dedo, si hace falta añadimos más). Removemos bien y dejamos hervir hasta que se ablanden las alcachofas (será rápido). Añadimos algo más de caldo y cuando vuelva hervir, ponemos las gambas peladas (y colorante si no le hemos puesto azafrán), Dejamos que se asimile un poco y añadimos el arroz de los vasitos (vaciarlos antes en un plato y deshacerlo con la mano para que quede bien suelto). Removed bien para que el arroz coja color, añadid un poco de agua si veis que falta y dejadlo hirviendo hasta que el arroz esté debidamente apaellado (esto es, sin caldo). Si aguantáis reciamente el tirón (y el susto) y lo dejáis un poco más, os saldrá un *socarrat* de lo más apetitoso. Hacedla que os va a sorprender.

Sauna de salmón

Falsarius Chef, siempre atento a las penalidades y cuitas de sus lectores, os propone una saludable receta que nos sirva para recuperarnos de estos días de descanso tan agotadores, y ponga remedio a la astenia que tan primaveralmente nos acomete. Nada mejor para ello que una sauna. Como quiera que yo no soy muy aficionado a tan claustrofóbica cabina (la última vez que entré en una, llevaba puesta una medallita metálica que a causa del calor se puso incandescente y gracias a la cual ahora luzco a no sé qué santo marcado a fuego en la entretetilla) he decidido que a la sauna vaya el salmón. A él que ya está muerto y viene de una lata, no creo que le importe.

sauna de salmón

Ingredientes: 1 lata de salmón en aceite Calvo, 1 bote de cristal de patatas, salsa tártara (Calvé en este caso), romero, aceite de oliva virgen extra y sal.

Preparación: Vamos a necesitar un pedazo de papel de aluminio (el Albal típico de cocina) como de tamaño folio, más o menos. Lo extendemos sobre un plato y en el centro vamos colocando los ingredientes. Escurrimos bien el aceite de la lata de salmón, sacamos el pez con cuidado (procurando que no se rompa) y lo ponemos en medio del papel de plata. Cogemos 4 ó 5 patatillas de las del bote, las ponemos dos minutos a hervir en un cazo con agua, las escurrimos bien y las colocamos sobre el pescado. Regamos con un chorreoncillo de aceite (poquito), ponemos un poco de sal sobre las patatas y lo rematamos todo con una ramita de romero (o romero picado del bote de especias típico). Ahora toca cerrar con cuidado el papel de plata, uniendo los bordes y haciendo una especie de bolsa con la comida dentro. Una bolsa espaciosa, no envolviéndolo en plan bocadillo de chorizo sino dejándole aire. Es importante que los cierres queden por arriba y que la base sea hermética, porque lo vamos a meter en agua y no queremos que entre. Porque ese es el siguiente paso. Coger una olla amplia y ponerla al fuego con un dedo de agua. Cuando hierva introducimos nuestra bolsa de papel de plata y la depositamos dentro con cuidado. Tapamos y lo dejamos vaporizándose unos cinco minutos. Con eso bastará. Solo queda emplatarlo, ponerle un poco de salsa tártara y disfrutar de nuestro saludable condumio.

Ceviche de Mejillones

Lo típico que pasa, inventas una máquina de esas del tiempo y en uno de tus viajes espacio temporales conoces a Atahualpa o a Yupanqui o a otro de esos emperadores incas famosos y quieres traértelo a comer a casa. Pero recuerdas que los emperadores incas son muy tiquismiquis con la comida y no sabes qué ofrecerle para quedar bien. ¿Y ahora qué haces, listillo? (o listilla que hay mucha científica loca por ahí). Mucha física cuántica y mucha historia pero vas a quedar como que recibes fatal. Está bien, deja de sufrir, Falsarius va a resolverte el problema con un ceviche como del mismo Cusco, para que se sienta como en casa, hecho con unos mejillones de lata para que vea lo modernos que somos en el futuro. No me des las gracias. Las pelas del Nobel a medias, y en paz.

ceviche de mejillones

Ingredientes: 1 lata de mejillones al natural , 1 cebolla roja (lo cevichero de toda la vida es que sea cebolla roja, pero la normal vale también), 3 cayenas (ají, guindilla...) 1 limón, perejil y sal.

Preparación: troceamos la cebolla en tiras ("en juliana" que dicen los expertos sin que ni Google ni yo sepamos el motivo) y la ponemos en un bol. Añadimos los mejillones previamente escurridos de su caldo y lo regamos todo bien con el zumo del limón. Picamos pequeña la cayena y la ponemos por encima con perejil y sal al gusto. Ya sólo queda remover vigorosamente (con cuidado de no deshacer los mejillones) y, si queremos, dejar reposar un rato para que el limón empape gozosamente en los demás ingredientes.

Además: no he resistido la tentación de regarlo antes de servir con un hililllo de aceite de oliva virgen extra y de añadirle un poco de cebollino picado. No es de la receta clásica pero Atahualpa lo flipaba.

Redondo de Chopped Pork

Una lata de Chopped Pork. Según algunos, el último peldaño de la cadena alimenticia. Si tienes invitados y es lo que sacas, se supone que no puedes caer más bajo. Estás acabado. Por eso me encanta. En estos territorios ambiguos y procelosos es donde me siento como pez en el agua. Gastronomía terminal, en el filo de la navaja, en ese oscuro lugar donde la cocina roza el hambre pura y dura. Una lata de Chopped Pork te enfrenta desnudo a tus más bajas pulsiones animales. Y frente a ella, con la grandeza más limpia del ser humano, surge esa creación redentoria que convierte la necesidad de comer en un arte. Si domamos la intrínseca brutalidad de una lata de Chopped Pork, la transformamos y creamos con ella una receta de cocina, tocamos por un momento el cielo y nos acercamos a los dioses. Una lata de Chopped Pork nos hace por fin mejores, más sabios, más puros, transcendentes. Ya no somos ni una mujer, ni un hombre. Ya somos más. Somos en esencia, forjados en el brillante crisol de la lata, toda la Humanidad. O en el peor de los casos, tendremos algo decente para cenar.

redondo de chopped pork

Ingredientes: 1 lata de chopped pork (Crismona, en este caso), 1 lata pequeña de cebolla frita Hida (la de 155 g.), 1 huevo duro, 1 bote de pimiento rojo en tiras, aceitunas rellenas, pimienta, sal, aceite de oliva virgen extra.

Preparación: abrimos la lata de chopped pork y sacamos la pieza entera del interior (en el caso de la marca Crismona muy fácilmente, ya que viene envuelta en un plastiquillo que hace muy sencilla su extracción). Con un cuchillo afilado (y un poco de cuidado para no romperla) atravesamos el chopped a lo largo y por el centro y vamos cortando en círculo. Cuando el giro se complete, presionamos por un lado y procedemos a vaciar su interior. Se nos queda así una pieza cilíndrica hueca que va a permitirnos rellenarla al modo de los clásicos redondos. Y preparar el relleno es nuestro siguiente cometido. Para empezar cogemos parte del chopped que hemos extraido y lo cortamos en cuadraditos. Un poco, porque no vamos a necesitar más. El que nos sobre, lo guardamos y se lo sacamos otro día pinchado en un palillo a una visita que nos importe menos. En una sartén ponemos la cebolla Hida con unas gotas de aceite. La dejamos hacerse un poco y añadimos los taquitos de chopped, 3 ó 4 aceitunas cortadas en rodajas y otras tantas tiras de pimiento rojo troceadas. Le damos un par de vueltas en el fuego, añadimos un poco de pimienta y muy poca sal, y ya tenemos el relleno preparado.

Ahora viene lo artístico. Cogemos el huevo duro que teníamos hecho y lo cortamos por la mitad a lo largo. Ponemos nuestro redondo de pie en un plato (si queremos con un poco de Albal en la base para que no se nos salga nada) y por la parte superior comenzamos a rellenar. Primero un poco de la mezcla preparada con cebolla. Luego medio huevo duro, encajándole bien más mezcla alrededor para que quede compacto (podemos ayudarnos con el dedo, por ejemplo). Seguimos con más relleno, el otro medio huevo duro, y completamos con el resto de la mezcla. Compactamos bien la pieza, la tumbamos y con un cuchillo afilado procedemos a cortarlo en rodajas. Si lo servimos acompañado de una rica salsa, en este caso Colman´s de manzana, tendremos un redondo relleno que para qué trabajar más.

Burger Queen

Estas cosas nunca se sabe cómo pasan. Pero hubo un día en que nos levantamos de la cama y algún listo había decidido que las hamburguesas eran comida basura. Todas, así a lo bestia, sin distinción de sexo, raza o procedencia. Pobres animalitos de Dios arrojados en manos del descrédito más espantoso. Lo que no habrán pasado estas criaturas. Pero hasta la legendaria paciencia de Falsarius Chef tiene un límite. Yo por ahí no paso ni un minuto más. Y voy y, ya a la sazón más ONG que persona humana (es decir, mucho más humana que las personas no humanas), decido adoptar culinariamente a una hamburguesa. La llamaré "Burguer Queen" y voy a quererla mucho. Ella a mí seguro que no tanto. Por ponerle nombre de rapero del Bronx, y porque pienso zampármela.
Y creo que ella lo sabe.

burger queen

Ingredientes: 1 paquete de hamburguesas del súper, 1 sobre de sopa de cebolla (Knorr en este caso), 1 Coca-cola, 1 tomate, 1 rebanada de pan (preferiblemente de hogaza) aceite de oliva virgen extra y sal.

Preparación: en un bol ponemos el contenido del sobre de sopa de cebolla y le añadimos un poco de nuestra salsa picante favorita (o unas gotas de tabasco) y un chorreoncillo de Ketchup. Agregamos Coca-cola removiendo bien con un tenedor hasta que tengamos una especie de salsa ligada. En una fuente que resista al horno ponemos unas gotas de aceite y una hamburguesa de las del paquete, así tal cual. La cubrimos generosamente con multipotencial mezcla de sopa y Coca-cola y la metemos en el horno precalentado a 200 grados. En una media hora estará lista (el tostadito de la cebolla será un buen indicador). Tostamos la rebanada de pan, la untamos vigorosamente con la mitad del tomate, le añadimos un poco de aceite de oliva (en plan pan tumaca) y tendremos una cama adecuadamente regia sobre la que colocar nuestra Burger Queen, para que descanse en paz. El otro medio tomate con un poco de aceite, sal y orégano será un adecuado acompañamiento y aportará su toque de rojerío a tanto empacho monárquico.

Nota: cualquier atento observador habrá descubierto que, en la foto, el plato viene acompañado también de lechuga y de una banderilla picante. Puede hacerse, pero aviso: eso ya es vicio.

Tortillitas de Gulas

No sé vosotros, pero estamos en Junio y yo abro oficialmente el chiringuito veraniego. Relajo, holganza y tranquilidad, ése va a ser mi lema. ¿Cocinar?, lo justito. ¿Los platos?, que aprendan a lavarse solos. Se acabó el cocinar con traje y corbata o almidonar el gorro antes de enfrentarnos a las sartenes. A partir de ahora, informalidad absoluta en el atuendo. Delantales de manga corta, manopla sin dedos y paños de cocina con alegres floripondios. Y para tan fausto acontecimiento nada mejor que empezar con una fritura, tan canicular y playera ella. Está basada en las populares y gaditanas tortillitas de camarones, pero como hay huelga y como impostor solidario que soy, no pienso salir de pesca (que los camarones son muy susceptibles y te denuncian por esquirol). Nos apañaremos con un paquete de gulas al ajillo con gambas. Ya es veranito para Falsarius Chef. ¿No jode un poco?

tortillitas de gulas

Ingredientes: 1 paquete de gulas al ajillo con gambas, 2 dientes de ajo, Rebocina Royal, perejil, aceite de oliva y sal.

Preparación: picamos los dientes de ajo y los doramos en un poco de aceite (no mucho que luego se queman). Añadimos el contenido del paquete de gulas con gambas, un poco de sal y le damos unas vueltas dejando que se mezcle bien y se haga todo un poco. Lo reservamos en un plato. En un bol preparamos tres cucharadas (más o menos) de Rebocina con un poco de agua (siguiendo las instrucciones del paquete) procurando que no nos quede muy líquida. Cuando tenga la textura adecuada, añadimos las gulas, el imprescindible toque de perejil, y removemos bien hasta que se nos haga una masa de Rebocina y gulas que sea manipulable, porque el siguiente paso es ir cogiendo con la mano un puñado de la misma e ir haciendo unas tortillitas que iremos disponiendo en un plato. Si vemos que nos hemos quedado cortos de Rebocina, se hace un poquito más y se añade sin problemas. Una vez listas, ponemos abundante aceite a calentar y, cuando coja temperatura, procedemos a freírlas. Esta es la parte más delicada. Para que no se nos deshagan, es una buena solución cogerlas con una espumadera y depositarlas con cuidado en el aceite caliente. Se harán enseguida. Cogen color por un lado, se les da la vuelta y para afuera. Se dejan escurrir un poco en un plato con papel absorbente, y se sirven calentitas.

Complicaciones opcionales: un par de cayenitas o un pedazo de guindilla con el ajo inicial le da a la cosa un toque picante muy pintoresco. Pero retirarlo antes de hacer la masa de las tortillas o alguien va a mentaros no muy educadamente a vuestra parentela.

Habas a la Catalana

Ni Santamaría, ni Adriá ni leches. Mi cocinero favorito es el que hace las recetas de guisos de las latas Litoral. Ése sí que es un genio. Una persona modesta que lleva a cabo un estupendo trabajo como de hemorroide (silencioso y oculto, pero terriblemente eficaz). Abres una de sus latas y no es como cuando levantas el cubreplatos de un restaurante elegante y ves un plato con humo, colorines y cebollino, que te cobran carísimo y ni siquiera te dejan llevártelo luego los muy roñicas. No. Éste nunca defrauda. Te da los guisos más tradicionales en toda su esencia para que luego tú, astuta impostura mediante, los lleves a la exquisitez. Y te deja quedarte la lata. Le tengo tanta admiración que le he puesto un altar en mi cocina. Aunque como no le conozco, y por no poner una foto en blanco entre las velitas, he colocado una de la Uma Thurman un poco desnuda. Por decorar.

habas a la catalana

Ingredientes: 1 lata de habas a la catalana (Litoral casualmente en este caso), 1/2 cebolla (1 si es pequeña), 1 huevo (admite dos tan ricamente), 1 vaso pequeño de vino blanco, aceite de oliva virgen extra, sal y pimienta.

Preparación: no puede ser más sencilla y resultona. Picamos la cebolla y la doramos en un poco de aceite. Cuando la veamos hechita, le ponemos un poco de sal, un poco de pimienta molida, le damos una vuelta y añadimos el vino. Dejamos que se evapore un poco el alcohol y volcamos en la sartén el contenido de la lata. Removemos bien, ahuecamos un poco con una cuchara y ponemos el huevo con cuidado de que no se nos rompa. Se tapa con la tapadera y se deja hacer con el fuego suave. Cuando el huevo cuaje a nuestro gusto, ya están las habas en su punto. Veréis qué disfrute.

Hot-Dior
(perrito caliente de marca)

¿Quién dijo que un perrito caliente no puede ser elegante? Falsarius Chef está dispuesto a demostraros la inexactitud de dicho aserto. Todo es cuestión de envolver el producto, las salchichas en este caso, con la adecuada aureola de lujo y sofisticación. Sin ir más lejos, Dios fue el primer genio de este tipo de marketing. Después de crear al Hombre (con un poco de arcilla cutre y minimalista, en plan diseño moderno y fashion) vio que estaba solo y que aquello no funcionaba. Tenía un problema. Cualquier otro en su lugar hubiera hecho como en los coches el "Hombre SXL", el "Hombre Cabrio" o algún nuevo modelo en ese plan. Pero él no. Él fue e hizo un nuevo modelo totalmente distinto y le llamó Mujer. ¿Para qué? Está claro: para captar al público femenino. Más o menos eso es lo que vamos a hacer con nuestro humilde paquete de salchichas Frankfurt, envolverlas con una nueva carrocería de lujo, poderío y distinción. En lugar de deconstruirlas, desalchicharlas por así decirlo, y llevarlas a una nueva dimensión. Y claro, nada de decir que lo que servimos es un perrito caliente, como si fuera un chucho salido. No. Un impostor que se precie dirá que su Hot Dog es, si acaso, un dálmata con satiriasis. Un auténticoHot Dior. Y si es un impostor un poco chorras, lo dirá con acento francés, como en los anuncios de perfume: poniendo boquita de culo.

hot-dior (perrito caliente de marca)

Ingredientes: 1 paquete de salchichas (mejor un poco grandecitas y vistosas para que nos luzca más el plato), 1 rollo de masa de hojaldre (sección de refrigerados, junto a las masas de pizza y demás) , ketchup y mostaza.

Preparación: no puede ser más sencilla. En la bandeja del horno extendemos la masa de hojaldre sobre el papel con el que viene en el envase que es especial para el horno. Cogemos una salchicha, la ponemos encima y cortamos con un cuchillo la cantidad suficiente de masa para envolverla. La operación envoltura debe ser un tanto cuidadosa. Es importante que no haya exceso de hojaldre sino el justo para envolver la salchicha como si fuera una funda. También hay que sellar bien los bordes para que luego el perrito nos quede compacto. Repetimos la operación con todas las salchichas, retiramos la masa sobrante, las dejamos dispuestas sobre el papel y las introducimos en el horno precalentado a 200 grados. Cuando el hojaldre esté bien dorado, estarán listas. Se parten por la mitad y se sirven adornadas con ketchup y mostaza. Qué elegancia, oiga.

Paella de callos a la Eurocopa

Había oído hablar de ella pero pensaba que era una leyenda urbana. Algo así no podía ser real. Sin embargo, aquel día, viendo a España ganar la Eurocopa, la receta apareció en mi mente. Al hilo de los goles, del "podemos" y el dulce sabor de la victoria futbolística, imbuido de patriótico fervor, tuve una visión. Vi el arroz maridando con los callos en la mezcla más racial que hayan conocido los tiempos: la paella de callos. Y de repente sentí el vértigo triunfal y goleador de Villa ante la portería contraria, el subidón de autoestima de Casillas deteniendo penaltis, la sabiduría de Aragonés jubilándose como un héroe. Me sentí con la sartén como Torres en ese mágico gol que detuvo el reloj de la historia de nuestros humillantes fracasos futboleros. Vamos, en plan un poco esquizofrénico, pero como muy a gusto. Mientras ellos ganaban la Eurocopa en televisión, yo ganaba la Eurosartén en mi cocina. España y yo estábamos haciendo historia. Hice la "flecha", hice la ola y me besé a mí mismo. Oye, y porque no tenía una fuente cerca, que si no me tiro.

paella de callos a la eurocopa

Ingredientes para dos comensales: 3 vasitos de arroz blanco de los preparados para el microondas, 1 lata de callos a la madrileña, 2 puerros medianos, ½ cebolla, 2 dientes de ajo, 1 brick de caldo de pollo con verduras, pimentón picante, romero, aceite de oliva virgen extra, sal.

Preparación: abrimos los vasitos de arroz y los deshacemos en un bol para que se descompacte. En una sartén amplia ponemos a sofreír en aceite el ajo y la cebolla picaditos. Cuando empiecen a coger color añadimos los puerros troceados y sazonamos con un poco de sal. Mientras se va haciendo el gozoso sofrito, calentamos en un cacillo el contenido de la lata de callos. El objetivo es que la salsa que traen se licúe. Una vez que estén caldosos los callos y con una cuchara, los vamos echando en la sartén con su choricillo y demás, pero desechando en la medida de lo posible la compacta grasaza circundante (impostores sí, pero con tipazo). Removemos bien, le añadimos un poco de pimentón picante y un poco de romero, le damos una vuelta y agregamos el arroz. Mezclamos adecuadamente y encharcamos cubriendo con caldo del brick. Dos vueltas de cuchara y a hervir con el fuego alegre. Cuando el caldo se evapore (cosa que sucederá en pocos minutos) el prodigio se habrá obrado. Una vez más "podemos".

Pastelcuento de Calabaza

Hoy vamos a poner una cucurbitácea en nuestra vida. En plan Cenicienta, que estamos muy sueltos hoy los impostores culinarios. Pero las calabazas son duras y complicadas de manipular (lo del hada convirtiendo a la calabaza en carruaje fue una licencia poética para la película, en realidad a Cenicienta lo que hizo fue pagarle un taxi. Y por cierto, de simpáticos y líricos ratoncitos nada: era unas ratas como demonios). Así que nos dejamos de cuentos y nos vamos al súper de la esquina, que es lo que hacen las personas prácticas en estos casos, que te dan la calabaza pelada, troceada, triturada, precocinada y envasada al vacío de una forma decente, que no está ya uno en edad de ir con una calabaza desnuda por la calle. Y ya puestos, con dos cositas de la despensa, tres huevos, un brick de crema de calabaza, algo de queso, nuestros ya habituales escasos conocimientos culinarios y mucho cuento, vamos a hacer un pastel que dejará flipada a la madrastra. Ponerse zapatitos de cristal para hacerlo, no mejorará en nada la receta, pero igual nos abre nuevas perspectivas vitales. Al gusto.

pastelcuento de calabaza

Ingredientes: 1 lata o bote de cebolla frita (de la marca Hida en este caso), 1 brick de crema de calabaza (Knorr de 500 ml.), 1 paquete de queso rallado, 3 huevos, 1 cuña de un queso sabroso (con Provolone suelo hacerlo yo) pimienta, perejil y opcionalmente un poco de sal.

Preparación: Volcamos el bote de cebolla frita en una sartén (sin aceite, que ya trae) y dejamos que se haga un poco. Agitamos bien el brick de calabaza y lo vamos añadiendo mezclando bien, dejando que se caliente. Mientras se hace, cogemos un bol y ponemos en él los tres huevos batidos, dos o tres puñados generosos de queso rallado, un poco de perejil y un poco de pimienta. Si queremos podemos añadirle algo de sal, pero con cuidado que si usamos queso Provolone, ya va a tener bastante sazón. Añadimos el contenido de la sartén y mezclamos bien. Podemos incluso darle unos toques con la Minipimer, para que quede todo más hilado. Es el momento de cortar unos tacos del queso Provolone (o el que queramos utilizar) y esparcirlos por la mezcla. Se quedan bastante enteritos y al comernos el pastel actúan de agradables tropezones. Ponemos todo el invento en un molde y lo metemos en el horno que habremos calentado previamente a 200 grados. En una horita más o menos estará en su punto. Lo dejamos reposar unos minutos y desmoldamos con cuidado. Ya puede irse jubilando el hada.

Brochetas de Pulpo a Feira

Yo es que pulpo pesco fatal. Me lío con tanta pata y en vez de pescarlo me dan ganas de saludarle estrechándole muy cordial el tentáculo. De hecho me parece un bicho de lo más correcto y elegante. Me caen bien. Por eso lo compro ya precocinado, despulpado por así decirlo, que parezca más comida preparada y aséptica que un amigable cefalópodo al que tienes que cargarte, congelar, apalear, hervir y no sé cuantas cosas terribles más. Porque además resulta que los pulpos son muy inteligentes. Seguramente más inteligentes que mucha gente que conozco y a la que no me comería. Tienen tres cerebros, pero deben dedicarlos a cosas más elevadas que a la supervivencia, porque sino no se entiende ese empeño en ir a las "feiras" (las ferias gallegas, que son las que les suelen pillar más cerca de casa) a que los guisen con pimentón y patatas. Yo es que creo que no tienen maldad y se dicen a ellos mismos, "vale que a padre se lo comieron en las fiestas de Carballiño, pero sería por error, madre ¿quién va a querer comerse a alguien tan feo como nosotros? Ande, muller, no diga cosas raras". Y claro, luego pasa lo que pasa y cada uno cuenta la "feira" como le va. Los pulpos echan pestes. Animalitos.

brochetas de pulpo a feira

Ingredientes: 1 bandeja de pulpo cocido troceado envasado al vacío, 1 bote de patatas peladas y cocidas (de los de cristal), pimentón dulce y/o picante, aceite de oliva virgen extra, sal gruesa.

Preparación: Póngase (en plan meiga aquelarrosa) un puchero con agua a hervir. Cuando lo haga, cogemos unas cuantas patatas del bote (más o menos según nuestra particular patatofilia) y las dejamos hirviendo durante un par de minutos para quitarles cualquier resto de sabor a envasado. Las sacamos, escurrimos y reservamos. En el mismo agua ponemos la bandeja de pulpo sin abrir, claro, y lo dejamos calentar también dos o tres minutos. Abrimos el envase y volcamos el contenido en un plato hondo. Podríamos tranquilamente cortar en lonchas la patatas poner el pulpo y aliñarlo con su pimentón y sus cosas, pero vamos a hacerlo en plan pinturero. Cogemos unos pinchos de madera de esos de brocheta y vamos ensartando con cuidado dos pedazos de pulpo, un pedazo de patata cocida, más pulpo y más patata, hasta completar la brocheta. Las ponemos en un plato, regamos con un poco del caldillo que traía el pulpo en el envase y les ponemos aceite, pimentón (preferiblemente picante) y sal gorda por encima. El pulpo más chulo del barrio.

El Foie en tiempos de crisis

Leo el periódico lleno de crisis económica en su tinta negra y se me cae el alma a los pies. Y se me queda hecha un asco porque estoy en un bar y está el suelo lleno de cáscaras de gambas. Qué gastronómica paradoja. Por algún extraño motivo las crisis alfombran de gambas los bares. Debe ser cosa de la desesperación. Que los bares sigan llenos y alfombrados de crustáceos no significa que la crisis no exista, como piensan algunos optimistas. Al contrario. Aquí es que somos muy nuestros. Es oír las trompetas del Apocalipsis y, venga, al bar. Y ya que estamos allí, niño, una de gambas, decimos quemando nuestro último cartucho. Pero la realidad se impone y en casa nos espera la despensa vacía. Y tenemos invitados. Y así no hay quien se luzca. O al menos eso parece, porque para eso está Falsarius, para proponerte un plato de lo más molón construido con los restos del naufragio de la desierta nevera. Que nos embarguen piso y coche, que se trague el cajero la inútil tarjeta hipercreditada, que le vayan dando al Euribor, que hoy comemos como príncipes. O mejor, que a doña Leticia la veo yo como enjuta y encanijada. Esta chica me come fatal.

el foie en tiempos de crisis

Ingredientes: 1 medallón de mousse de pato de los que vienen envasados al vacío (no "foie gras" del bueno que se nos volatiliza el efecto ahorro. En muchos supermercados envasan el paté ellos mismos y sale muy bien de precio), 1 bote pequeño de salsa de arándanos (hay varias marcas), 1 copa de vino de Pedro Ximénez, y cebollino.

Preparación: No puede ser más sencilla. Cogemos el medallón de mousse (si vemos que es muy grueso lo cortamos horizontalmente en dos mitades y así parece más, que se note que somos impostores) y con unas gotas de aceite lo hacemos un poco en la sartén, dejando que se caliente y que coja tostadillo. Lo reservamos en un plato y en la misma sartén (con los restos incluidos) echamos otras dos gotas de aceite y una cucharada de salsa de arándanos. Removemos y cuando esté bien caliente, le atizamos un lingotazo del Pedro Ximénez. Removemos con una cuchara de madera y observaremos que, por una sorprendente alquimia, el alcohol se va evaporando y aquello se convierte en una especie de apetitosa salsa. Pronto tendrá un aspecto lujurioso, así que antes de pasarnos y que parezca alquitrán, retiramos la sartén del fuego y echamos el líquido sobre el paté. Adornamos con un par de cebollinos y a triunfar.

Pizza esencial de Mejillones

Yo ya al trasnochar no es que me despierte resacoso, que también, ahora ya es que me levanto milenarista, en plan el fin de los tiempos, los apocalipsis y sucesos horripilantes de esos. Ay, Señor, que mala es la edad. Pero retiro la sábana de la cama y descubro, yaciente junto a mí en el lecho, una lata de mejillones (¿qué hice yo anoche?). Y de repente esa visión reconfortante, todo orden, todo paz, seráfica belleza natural en medio del caos, me reconcilia con la vida y comprendo que ellos, tan arregladitos, tan pulcros, tan iguales en su amorosa cama de aluminio son el futuro. Al menos el mío porque pienso zampármelos para comer. Eso sí, para que sus angelicales rostros de molusco no me persigan en sueños el resto de mis días como en las pelis de Hitchcock, voy a camuflarlos en una pizza.

.../...

.../...

Y eso se dice fácil, pero ponte a amasar con la que está cayendo: pleno verano y temporada olímpica, con lo que cansa ver desde el sofá a esa pobre gente cometiendo excesos. Así que nada, sin miserias, que para algo somos impostores. Prescindimos de la masa, le ponemos al invento un nombre pomposo y asunto arreglado. Tan radical decisión pudiera parecer fruto de la vagancia o la molicie, como enseguida pensaría cualquier suspicaz. Pero no. No se trata de pereza, ni de incapacidad motora transitoria ocasionada por los excesos noctámbulos. De ninguna forma. Esto, lo que es, es "nueva cocina". Cocina de autor, si se prefiere. Al menos eso es lo que hay que decirle a los invitados, mirándoles desafiante a los ojos.

Y si cuela...

pizza esencial de mejillones

Ingredientes: 1 envase de queso fresco grandecito (el típico Burgo de Arias o similar), 2 latas de mejillones al natural (mejor talla grande), 1 paquete de queso rallado, 1 bote de alioli, 1 bote de Tumaca Cidacos (es como tomate crudo triturado) orégano, aceite virgen extra y sal.

Preparación: cortamos el queso en lonchas de 1 cm (en plan mini-pizzas) y las vamos poniendo sobre un papel de aluminio en la bandeja del horno, que habremos sacado antes de ponerlo a calentar a 200 grados. Sobre cada rodaja de queso esparcimos una cucharadita de tomate triturado, dos gotillas de aceite rico y un poco de sal. Encima acoplamos un par de mejillones bien escurridos (dos o tres, según el tamaño de cada rodaja) y sobre ellos una bolita de alioli. Lo cubrimos con queso rallado, espolvoreamos con orégano y al horno. Cuando el queso se funda, están en su punto. Y qué punto.

Ensalada tibia de langostinos

De repente me he acordado, no sé por qué, de esa inquietante canción de cuando niño "Vamos a contar mentiras". Ésa que habla de sardinas por el monte y liebres por el mar, acompañada de una música oscura y enfermiza. Qué mal rollo. Es una canción siniestra. Y no soy el único que lo piensa. La ensayista americana Violet Brown asegura que el autor de la letra es Edgar Allan Poe y que la escribió en pleno delirium tremens, en medio de terribles visiones satánicas. Es más, dicen que si giras al revés la canción "Being for the Benefit of Mr. Kite!", del Sgt. Peppers de los Beatles, puedes oír una voz agónica (como de Paul McCartney que por aquel entonces estaba muerto, aunque luego resucitó, creo) que dice "by the sea run the rabbits", por el mar corren las liebres, ¿y quién aparece en el centro de la portada del disco? El mismísimo Edgar Allan con cara de trastornado. Una jodida conspiración. De hecho, seguro que el coñac que aparece todos los años en la tumba de Poe el día de su cumpleaños lo dejan los de Lexatín, agradecidos por la cantidad de adultos que lo tomamos, tarados en nuestra vejez por haber oído la canción de pequeñitos. Y de repente he necesitado una receta reconfortante. Algo con patatillas, langostinos y mayonesa de bote, tan casera ella. Una ensalada entrañable y plácida como los sueños que hubiera podido tener de niño si no me los hubiera robado esa maldita canción.

ensalada tibia de langostinos

Ingredientes: 1 docena de langostinos congelados, 1 bote de cristal de los de patatas peladas, 3 dientes de ajo, 2 guindillas verdes también de bote, mayonesa, perejil, sal y aceite de oliva.

Preparación: cocemos unas doce patatas (más o menos según el tamaño de los entrañables tubérculos) en agua hirviendo un par de minutos y las reservamos. Picamos los ajos y los ponemos en la sartén con un par de cucharadas de aceite. Cuando empiecen a hacerse añadimos las guindillas cortadas en tres pedazos y las patatas rotas por la mitad. Removemos bien y añadimos los langostinos descongelados, pelados y preferiblemente crudos (aunque si los habías comprado cocidos tampoco pasa nada). Cuando veamos hechos los langostinos y el conjunto nos haya cogido un colorcillo apetecible, retiramos la sartén del fuego, añadimos un poco de perejil, una cucharada generosa de mayonesa y removemos bien. Tomársela acompañada de una cerveza fresquita es opcional, pero yo diría que bastante recomendable. A la salud de Poe.

Steak Tartare Civilizado

Para que te guste comer carne cruda tienen que darse algunas condiciones muy específicas. Ser muy mayor y haber pasado la guerra (cuando se dice "guerra" todavía nos referimos a la Guerra Civil Española, pero no te hagas ilusiones, si te interesaba lo que pasaba en la de Vietnam, también eres ya un carcamal) que en aquellos años, con el hambre, se acostumbraron a comer de todo; ser un ejecutivo snob un poco chorras, con ínfulas de haber viajado mucho; ser un admirador friki de los delirios gore de Tarantino o, finalmente, ser un canibalcillo propiamente dicho. Bueno, o que seas Putin, que el ruso se desayuna un par de georgianos crudos todas las mañanas sin despeinarse, pero si ése es tu caso yo me lo haría mirar. Si no, no. Pero vamos a suponer que te levantas una mañana con el día tonto o te has leído "El desierto de los tártaros" (que no salen steaks tartares, pero te pasas todo el libro esperando a que aparezca uno) o algo de eso y va y te apetece. ¿Porque te dé repelús comerte un cacho de carne cruda muerta vas a quedarte sin steak tartare? No si Falsarius Chef puede evitarlo. Por eso os propongo este steak tartare civilizado que llenará de espanto a vuestros invitados hasta que descubran el engaño y se lo zampen con fruición. Salvo que el invitado sea Putin, se cabree y mande que los tanques te invadan la cocina. Y yo ahí lo siento: no te conozco de nada.

steak tartare civilizado

Ingredientes: 1 lata de magro de jamón cocido (Apis en este caso), 1 cebolla, alcaparras, salsa Perrins, Tabasco, pimienta, 1 limón, perejil, aceite de oliva virgen extra.

Preparación: sacamos el jamón cocido de la lata y lo lavamos amorosamente bajo el grifo para quitarle la gelatina que lleva por encima y que lo deja muy salado. Cogemos un rallador de agujeros gruesos y lo rallamos para que nos quede como carne picada. Queda muy convincente. Lo ponemos en un bol y lo espolvoreamos con pimienta molida. Como sal ya lleva, pasamos. Le añadimos unas cuantas alcaparras y media cebolla picada, le ponemos un chorreón de nuestro mejor aceite de oliva, un poco de perejil, un chorreón generoso de salsa Perrins, unas gotas de Tabasco y si queremos (no es muy clásico pero le da un toquecillo) le exprimimos un poco de limón. Removemos vigorosamente con las manos y ya está. Sólo queda mantenerlo fresco en la nevera hasta el momento de servir, cuando lo adornaremos con cebolla muy picada y un poco más de perejil.

Pudin de Langosta Informal

Tan informal que no ha venido. Es lo que tienen las langostas, nunca tienes una a mano cuando la necesitas. Mucho caparazón y mucho glamour pero no son nada de fiar. Es como quedar con un percebe. Como tardan tanto en pintarse las uñas, siempre llegan tarde, cuando ya no tienes hambre porque te has comido un bocadillo de panceta o algún otro sustitutivo. Seguramente ésta es la verdadera razón por la que se comen percebes tan poco a menudo. Pero estos pequeños problemas de intendencia no van a impedirnos disfrutar de nuestra receta. Por eso, si la langosta no ha venido (me da igual que hubiera un atasco de medusas o algo de eso) que le vayan dando. Teniendo latas Campbell´s, y langostinos congelados ¿quién necesita una langosta de verdad para hacer un pudin de langosta? Hay que ser antiguo. Y es que, sin hacer de menos a Campbell´s, los langostinos congelados son el mejor amigo del impostor. Como el perro pero más comestibles. A mí a veces me recuerdan a Nadal porque como él nunca defraudan. Que hay que ser el número uno del tenis mundial, ahí está Nadal. Que hay que ganar una medalla de oro y darle lustre y esplendor al medallero patrio, Nadal al canto. Atractivo, de confianza, noble, sencillo, caballeroso, triunfador. Es tan perfecto que uno acaba sospechando que cuando no compite, lo tienen guardado en el congelador.
Jugando al tenis con los langostinos.

pudin de langosta informal

Ingredientes: 1 lata Campbell´s de crema de langosta, tres puerros, 3 huevos, 12 langostinos congelados (que a 6 euros el kilo no es ningún derroche), aceite de oliva, sal y pimienta.

Preparación: troceamos los puerros y los rehogamos en un poco de aceite, con sal y pimienta. Cuando estén hechitos, los ponemos en un recipiente en el que añadimos el contenido de la lata de crema de langosta y media lata más de caldo de cocer los langostinos de los que, por cierto, añadimos la mitad también troceados. Trituramos todo bien y lo volcamos en un bol donde hemos batido los huevos. Mezclamos adecuadamente y agregamos los langostinos restantes troceados, para que luego en nuestro pudin queden marisquiles tropezones de mucho engaño y grato regocijo. Lo volcamos todo en un molde y lo ponemos al baño de maría durante una horita más o menos (hasta que metiendo un palillo, nos salga limpio). Se deja enfriar, se desmolda y a engañar debidamente a nuestros invitados. Iba a decir "como a chinos" pero desde lo del Tibet y las olimpiadas ya no soy tan inocente.

Cocido Andaluz

Y Luz anduvo. Como para no andar (o resucitar, si viene al caso) con este vigoroso y potente condumio que aúna las nobles cualidades del cocido andaluz de lata "Litoral", con la no menos andaluza morcilla de Burgos (Andalucía "norte" según las más recientes reivindicaciones autonómicas). Un rápido y completo plato que puede darnos mucho juego en estas vacaciones de Semana Santa en las que, entre conducir, jugar al golf, cargar dioses (con lo que pesan), tomar el sol, trasnochar, visitas culturales, colas para hacerlas, esquiar, más coche y más atascos, no nos queda tiempo para cocinar. Bueno, y generalmente ni para vacaciones propiamente dichas.

cocido andaluz

Ingredientes: 1 lata de cocido andaluz Litoral (1 € más o menos) 1/2 cebolla, un par de dientes de ajo, 1 morcilla de Burgos (sobrará) aceite de oliva virgen extra, sal y perejil.

Preparación: en este caso se impone una astuta preparación previa de la lata que consiste en abrirla, retirar con una cucharilla la grasilla solidificada que se acumula bajo la tapa y escurrirle el caldo, que no vamos a utilizar en esta receta. Ponemos el resto en un plato y lo reservamos. En una sartén ponemos unas gotas de aceite y freímos dos o tres rodajas de morcilla partidas por la mitad. Cuando las veamos hechitas, las ponemos en un plato con papel de cocina para eliminar el exceso de aceite. No es que hayamos avanzado mucho, pero ya hemos conseguido manchar dos platos: es un buen día para aquello de "yo cocino y tu friegas". Limpiamos la sartén con un papel absorbente, ponemos un poco más de aceite y sofreímos la cebolla y los ajos, todo picado. Cuando veamos que han cogido color, añadimos el cocido que teníamos reservado, un poco de sal y lo mezclamos bien con el sofrito. Dejamos que se haga un poco y le agregamos la morcilla. Otro par de vueltas en la sartén para que se integre bien, y al plato. Un poco de perejil espolvoreado y un hilillo de aceite, le acabarán de dar un aire de lo más apetecible. Eso sí, muy de vigilia no es.

Solomillo al Roquefort (en ausencia de solomillo)

Ahora sólo faltaba que no tener solomillos en casa, nos fuera a impedir hacernos un solomillo al Roquefort. Hasta ahí podíamos llegar. Así que dejemos a la vaca rumiando en paz y, lata en ristre, dispongámonos a preparar este solomillo impostor que respetará la integridad de nuestros bolsillos, nos alegrará el paladar y la vista, si comemos en solitario, y llenará de pasmo y admiración a nuestros no por queridos menos gorrones invitados, si tenemos visitas. Rico y vegetariano, porque como todo el mundo sabe, el cerdo, en su intrínseca belleza, es casi como una florecilla del bosque. Eso sí, en las primeras citas amorosas, no es recomendable agasajar a la amada con un ramo de cerdos. Mejor las flores.

solomillo al roquefort (en ausencia de solomillo)

Ingredientes: 1 lata de magro de cerdo (de esas de aspecto más o menos triangular, en este caso Apis, 1,65 €), 1 cuña de queso roquefort, 1 pimiento del piquillo, salsa Perrins, leche evaporada Ideal, aceite de oliva virgen extra.

Preparación: para perpetrar esta receta lo primero es conseguir que el jamón de lata adquiera forma de solomillo. En mi caso, he cogido un vaso de un tamaño aproximado a la pieza de fiambre, lo he puesto en el centro y he presionado. Luego con ayuda de un cuchillo he sacado la la pieza, que tenía ya un adecuado y solomilloso aspecto. Hecho esto, cortamos la carne por el centro, dividiéndolo en dos discos iguales. Y puestos ya al lío, cogemos el pimiento del piquillo y lo calentamos en la sartén, con un poco de su aceite. Se reserva en un plato, se añade un poco de aceite de oliva a la sartén y se doran un poco los discos de jamón. Unas gotas de salsa Perrins cuando veamos que está cogiendo color, ayudará a que nos queden más dorados. Pura coquetería, en realidad. Sobre una de la piezas de carne colocamos el pimiento (cortadito en tiras, si queremos) y lo cubrimos con la otra parte. Puesto en un plato, calentamos un poco de queso roquefort en un cacillo con un poco de leche evaporada Ideal (procurando que el queso quede bastante entero, que luego le da más prestancia al invento) y lo echamos sobre la carne. Un poco engorroso de contar, pero sencillísimo de hacer.

Bacalao a las Gruesas Hierbas

Me he levantado con el día campestre-bucólico-pastoril, uno de esos de mucha flor y mucho pajarito, en plan hippie de cuando uno era joven (pero menos comunista, que ahora tengo vitrocerámica en propiedad). Así que me he dicho que era el día perfecto para darse a la hierba (a la legal) y al ajo, en promiscua coyunda con un bacalao en salmuera, que fue durante muchos años el único pez de tierra adentro. Un pescado campestre y rústico, delicioso y base de muchas recetas, al que para ser más de campo, sólo le falta la boina (aunque me temo que boinas en el campo ya sólo llevan en carnaval, y los bacalaos de ciudad que quieren hacerse pasar por lugareños).

bacalao a las gruesas hierbas

Ingredientes: 1 envase al vacío de tiras de pimientos verdes y rojos asados (en mi caso de la marca Campo Rico), bacalao salado desmigado, 3 dientes de ajo, aceite de oliva virgen extra.

Preparación: abrimos el paquete de pimientos, le escurrimos algo así como la mitad del jugo (que si no queda un poco encharcado para mi gusto) y lo volcamos en un bol. Rallamos o picamos un diente de ajo y lo echamos por encima. Lavamos bajo el grifo unas tiras de bacalao para quitarles el exceso de sal y las desmigamos con las manos sobre los pimientos. Cortamos los dos dientes de ajo que nos quedaban en láminas (no muy finas) y lo freímos hasta que esté doradillo. Añadimos un poco de aceite de oliva virgen extra, removemos bien los pimientos con el bacalao y adornamos con los ajos fritos. Moraleja: ya es primavera en Falsarius Chef.

Nota para observadores: los ajos de la foto, obviamente, no son ajos fritos. Son unos ajos confitados en aceite muy ricos que tenía en la despensa. El hecho de recomendar hacerlos fritos y no usar de bote es porque he tenido experiencias contrapuestas con los envasados: a veces muy buenos y en otras marcas, sencillamente decepcionantes. Así que he decidido apostar por lo seguro.

Delicias de Filete Tieso

Suele ocurrir. Compra uno una bandeja de filetes y sin que sepas la razón, al final siempre se te acaba quedando uno con muy mala pinta, el pobre. Que no es que esté malo, pero se queda feucho, como un pedazo de vaca zombie que nos recriminara "no me has comido, no me has comido..." Pues bien, en su campaña a favor de los menos agraciados físicamente (por la cuenta que le trae) Falsarius Chef os propone una sencilla solución para convertir ese filete tieso en un manjarcillo más que apetecible.

delicias de filete tieso

Ingredientes: el filete tieso en cuestión, 1 puerro, 1/2 cebolla pequeña, salsa Teriyaki, aceite de oliva virgen extra, sal.

Preparación: lavamos bien el puerro y lo ponemos junto con la cebolla (cortados ambos en tiritas alargadas) a sofreír en un poco de aceite. Cuando cojan color, añadimos al fuego el filete que previamente habremos cortado en tiras como se ve en la foto. Cuando lo veamos todo con un aspecto doradillo y apetecible, y con el fuego fuerte, le ponemos un par de chorreones de salsa Teriyaki y removemos para que se mezcle todo bien y la salsa se ligue con el resto. Un poco de sal gruesa por encima completará el invento y la moraleja: como en el cuento, no importa lo patito feo que seas, al final alguien te acabará comiendo a la naranja.

Pastel-Pizza Brasador

Yo todos los años espero con impaciencia el día de San Valentín. Siempre con la ilusión de que esta vez, por fin, Cupido se pinche un dedo con una de sus amorosas flechas, pille el tétanos y palme. En espera de tan grata noticia, he preparado una receta sencilla y perfecta para compartir. O para tomarla solos si los hados (o la agenda) no te han sido propicios. Que a veces pasa y no es cosa encima de quedarse con hambre.

pastel-pizza brasador

Ingredientes: 1 paquete de Brasador de verduras con pollo (es un congelado de Findus, son 2 raciones y vale unos 4 €), 1 rollo de masa Brisa (sección de refrigerados, junto al hojaldre y demás, 1,90 €), 1 bote o brick pequeño de bechamel (Président, en este caso), 2 dientes de ajo, salsa de soja o sal y aceite de oliva virgen extra.

Preparación: en una sartén ponemos un poco de aceite y sofreímos los dientes de ajo picaditos (el ajo, más que nada, para quitarle un poco de cursilería al San Valentín). Cuando estén dorándose echamos el contenido del paquete de Brasador, removemos bien y dejamos que se vaya haciendo según las instrucciones. Cuando lo veamos hechito (descongelado del todo y con el pollo dorado), le añadimos un poco de salsa de soja (o un poco de sal, si no tenemos) que le da un toque exótico y curioso. Una vuelta y añadimos un poco de la salsa bechamel (agitar bien el bote) para que nos hile adecuadamente el invento. Removemos bien para que se caliente, sin dejar que hierva y retiramos del fuego. Fase uno completada. En la bandeja del horno extendemos la masa Brisa sobre el papel que trae y la pinchamos por varios sitios con un palillo. Enrollamos un poco el borde exterior de la masa, haciendo un especie de pequeña murallita por todo el perímetro, para que luego no se nos desborde el contenido. Con cuidado, extendemos el Brasador sobre la masa, distribuyéndolo bien con una cuchara, le ponemos en el centro una generosa porción de queso rallado y lo metemos en el horno precalentado a 200 grados. El borde dorado nos indicará que está en su punto, pero eso no va a pasar antes de 10 minutos. Pastel-pizza listo.

Pastel-Pizza Carbonara

De las varias versiones de pastel-pizza que hice antes de publicar la receta anterior, tenía ésta a la Carbonara que por lo sencilla y rica creo que merecía la pena contarla. Las instrucciones son básicamente las mismas que en la otra receta. Para el relleno se sofríe una cebolla picada, con bacon cortado en pedazos. Cuando estén dorados, se le añade la bechamel para que se hile bien todo y sal al gusto. Se extiende sobre la pasta Brisa, con abundante queso rallado por encima, se adorna con unas rodajas de tomate natural si se quiere, y al horno. Di putísima mamma, por decirlo en italiano.

Arroz arrisotado a la Berlusconi

Vayamos por partes. Le llamo "arroz arrisotado" porque en esto del risotto hay mucho talibán purista que a la menor te salta a la yugular como un boquerón en celo. Que si no lleva parmesano, que si el arroz no es carnaroli y pijadas de esas. Se ve que como el arroz es italiano les sale el Berlusconi chulo y prepotente que llevan dentro. Te invitan a su casa a probar su risotto y te tratan como el político italiano a los inmigrantes rumanos. No te cuento si el que hace el risotto eres tú. Pues bien esta receta va a ser nuestra venganza. La de los torpes de cucharón, la de los sin papeles de la cocina. Y con escarnio añadido, pues la receta se hace con arroz del de vasito de plástico (¡toma herejía!) y en diez minutos. Y sin tener ni idea de cocina. Y con el arroz en su punto perfecto. ¿Cómo os quedáis Berlusconcillos? Eso sí, esta venganza, al contrario de la habitual que es fría, es mejor tomarla caliente.

arroz arrisotado a la berlusconi

Ingredientes generosos para un comensal: 2 vasitos de arroz blanco, 8 gambones congelados, 2 alcachofas, 1 vaso de vino blanco, 1 cebolla, 2 dientes de ajo, pimentón, sal, mantequilla y aceite de oliva virgen extra.

Preparación: cocemos los gambones en un cazo mediano con no mucho agua (para que el caldo nos quede sustancioso) y sal. Congelados como vienen. Esperamos que vuelva a hervir el agua y enseguida estarán. Colamos el caldo y lo reservamos. Abrimos los vasitos de arroz, lo deshacemos con las manos en un bol (viene compactado) y lo cubrimos con el caldo de los gambones. Picamos el ajo y la cebolla y los ponemos a dorar con un poco de aceite. Añadimos las alcachofas troceadas y las dejamos hacerse un poco también. Es el momento de añadirle una cucharadita de pimentón, darle una vuelta rápida y agregar un chorreón de vino blanco. Dejamos que se evapore el alcohol (aprovechando para inspirar profundamente, que da un puntito), añadimos los gambones que teníamos reservados, les damos una vuelta y echamos el arroz con el caldo. Cuchara de madera en ristre, vamos removiendo y agitando un poco la sartén para que el líquido se vaya evaporando. Cuando veamos que el arroz se está quedando seco, le añadimos algo más de caldo y mezclamos con la cuchara hasta que veamos que el arroz está jugoso, pero prácticamente sin caldo. Retiramos del fuego y le añadimos una cucharadita o dos de mantequilla, que iremos removiendo lentamente para que se vaya deshaciendo y mezclando bien con el guiso.

Florituras y filigranas: rallar por encima unos hilos (más chulo un poco gruesos) de queso. Yo le pongo Flor de Esgueva, que es de oveja y le va estupendo. Para puristas, parmesano, claro.

Tartillita de Patatas

Es la hora de comer. Las patatas te miran suplicantes desde el cajoncillo de las verduras.
–Fríenos, fríenos –dicen lascivas las muy promiscuas– . Haznos tortilla de patatas. Y tú te palpas la maltrecha voluntad, rebuscas ánimos en los bolsillos llenos de pereza y acabas decidiendo que hasta ahí podíamos llegar. No hay patata, por mucho que la hayas amado, que se merezca semejante sacrificio. Que les vayan dando. Pero, claro, tampoco es cosa de quedarse con las ganas y no comer más que ensaladas tan tristes como el rimel de Amy Winehouse, (o como su desesperado psiquiatra, un famoso adicto a la lechuga iceberg y a recetar centros de desintoxicación a quienes no compartan su afición). No es plan. No. Surge entonces un dilema que te deja en mitad de la cocina, con una patata a modo de hamletiana calavera en la mano: freír o no freír, that´s the question, que diría el principe danés. Para solucionarlo una cosa intermedia bastará. Algo como esta impostora tartillita de patatas, que va a darnos muy pocos problemas, sobre todo porque lo que vamos a hacer es que sea el horno quien trabaje por nosotros. Oye, que se note que de jóvenes hicimos la Revolución Industrial, que por lo que se ve, ay, es de las pocas que nos ha acabado durando.

tartillita de patatas

Ingredientes: 1 bote de cristal de patatas peladas y cocidas, 3 huevos, 1 lata pequeña de cebolla frita, 1 bote de tiras de pimiento del piquillo.

Preparación: ponemos en el fuego un cacillo con un poco de agua y ponemos a hervir unas diez patatas de las de bote (según tamaño, claro). Un par de minutos. Lo justo para que pierdan cualquier atisbo de sabor a envasadas. Las reservamos. En un bol batimos los tres huevos, añadimos sal y el contenido de la lata pequeña de cebolla frita (de unos 125 g.). Añadimos las patatas cortadas en lonchas, removemos bien para se mezclen promiscuamente los ingredientes y lo ponemos todo en un molde del tamaño adecuado (el mío esta vez era una flanera mediana) . Lo metemos en el horno precalentado a 200 grados y en una media hora (veinticinco minutos en este caso) estará. Desmoldamos y la acompañamos con unas tiras de pimiento del piquillo. Más que nada porque, como cualquier astuto impostor sabe, pones la tortilla sola y es un pincho; la pones con pimientos y de repente es primer plato de lo más chulo. Y ya puestos, que nos luzca.

Huelga decirlo: suelo ser partidario de poner la versión más simple y austera de las recetas y que luego cada quien, en la soledad de su hambre, se recree en la suerte, añadiendoles los manjarcillos que más le apetezcan. Es obvio en este caso que un poco de bonito en escabeche, unos taquitos de calabacín previamente sofrito o unas virutas de jamón (por poner algo) darían a nuestra tartilla una jovial y apetitosa nota de color. Eso ya va en gustos.

Costillas Gordo Feliz

A tomar por saco el régimen. Se acabaron las miserias. Para celebrarlo vamos a entregarnos al gozoso deleite de unas ricas costillas de cerdo, de las de mancharse los dedos y rechupetear los huesos. Hala, al desparrame. Horneadas con Coca-cola y con una base de cebolla caramelizada que queda riquísima, no pueden ser más fáciles de hacer. Este largo régimen post-navideño al que insensatamente me estaba sometiendo, han sido las 48 horas más largas de mi vida.

costillas gordo feliz

Ingredientes: 1 bandeja de costillas de cerdo de las del súper (1/2 kilo, aproximadamente), 1 sobre de sopa de cebolla, 1 coca-cola, 1 cebolla grandecita, aceite de oliva virgen extra, un poco de salsa picante (yo le he puesto Sambal Oelek que es mi favorita, pero puede valer un poco de Tabasco), ketchup y sal.

Preparación: en un bol ponemos el contenido del sobre de sopa de cebolla y le añadimos un poco de nuestra salsa picante favorita (o unas gotas de tabasco) y un chorreoncillo de Ketchup. Agregamos Coca-cola removiendo bien con un tenedor hasta que tengamos una especie de salsa bien ligada y no muy líquida. Cortamos la cebolla en tiras finas y hacemos con ella una base en una fuente de cristal tipo Pyrex que resista el calor. Le ponemos por encima un hilo de aceite y un poco de sal y colocamos hábilmente las costillas sobre la cama de cebolla. Un poquito (poco) más de sal sobre las costillas (mejor gruesa) y cubrimos todo el invento con la salsa de sopa de cebolla y Coca-cola que teníamos preparada, procurando que los grumillos queden sobre las costillas, que luego tostados van a quedar muy ricos. Lo metemos en el horno precalentado a 210 grados y en unos 20/25 minutos aproximadamente (cuando las veáis de aspecto apetitoso para vuestro gusto) os encontraréis con unas costillas que ni en Hollywood.

Judias verdes a la Traicionera

Plato denostado y criticado por los sectores más integristas del mundo impostor, yo lo pongo aquí encantado. Nada más patético que un tipejo como yo teniendo principios. Hasta ahí podíamos llegar. Así que después de los excesos navideños (ahora el pavo relleno soy yo) me apetecía hacer un plato ligero, y compartirlo en forma de receta tramposa, antes de que me confundan con el hermano obeso de Papá Noel (esta mañana iba por la calle con un jersey rojo y unos niños me miraban de forma sospechosa). Pensé que unas judías verdes podían venir bien pero había un problema. No encuentro judías verdes de bote o de lata ricas de verdad. He probado muchas (para mi desgracia) y no hay manera. Pues vale, que les den. Traicionando por una vez a la impostura os ofrezco esta receta en donde todo es natural. La trampa estará esta vez en la forma de hacerlas. Tan fácil, tan fácil,
que abrir una lata os parecerá complicado.

judías verdes a la traicionera

Ingredientes: 300 gramos (así a ojillo) de judías verdes, 1 cebolla mediana, 1 tomate, 2 dientes de ajo, sal gorda, aceite de oliva virgen extra (y si os apetece y tenéis a mano, unas laminitas finas de jamón).

Preparación: lo más cómodo de esta receta es que no hay que hervir aparte las judías verdes. Sólo vamos a utilizar una sartén para todo. Cogemos las judías verdes y con un cuchillo les cortamos las puntas y las partimos en trozos no muy pequeños (de unos 6 cm. más o menos) que luego nos van a quedar mucho más aparentes en el plato. Las lavamos bajo el grifo y las escurrimos bien. En la sartén ponemos aceite abundante y cuando esté caliente echamos en él las judías verdes y las freímos un poco. Que cojan color pero sin pasarse. Cuando estén, las sacamos escurriéndolas bien y las ponemos en un plato con papel de cocina que acabe de absorber el aceite sobrante. Cogemos el tomate, lo partimos por la mitad y con un rallador de agujeros gordos lo rallamos convirtiéndolo en pulpa (suena un poco sádico, como de película de Tarantino, pero es lo que hay). En la sartén dejamos sólo un poco del aceite utilizado y en él ponemos a sofreír los ajos picados y un poco después la cebolla cortada en pequeñas tiras en vez de en los clásicos cuadraditos (en juliana diría un experto, pero aquí no tenemos de eso). Lo vamos removiendo bien y cuando veamos la cosa doradilla, añadimos el tomate tarantinizado y sal al gusto. Removemos bien y dejamos que el tomate coja color. No hará falta mucho tiempo. Es el momento de añadir las judías verdes, un poco más de sal y remover todo para que se mezcle bien.

De ahí al plato. Si las ponemos hábilmente amontonadas como con descuido y les ponemos unas laminillas de jamón por encima cuando todavía están calientes, nos va a quedar un plato de llamar la atención.

Impostura irresistible: no puedo evitarlo. Si tenéis algún invitado, dejad por la cocina una lata que tuvierais por ahí de judías verdes vacía (el contenido en la basura es donde mejor está) para que sospeche que lo habéis utilizado. Y luego, en su casa, que intente copiaros.

Faena de sardinas a la plancha

Son las 5 de la tarde. Esa hora trágica en que te lo juegas todo. Sois tú y la bestia. Mano a mano. Ya nada importan los pasados triunfos, los pretéritos aplausos y ovaciones. Se abre el portón y ves a la fiera mirándote desde la penumbra. Se hace el silencio en ese territorio desierto en el que sólo habita el miedo. Son las 5 de la tarde y en el mundo sólo estáis tú y esa lata de sardinas, mirándote asesina desde el fondo del armario de la vacía despensa. Como diría tu madre: "¿qué horas son estas de levantarse? Si quieres comer algo, te lo haces tú.". En verano estas cosas pasan. Un inoportuno trasnoche te deja a los pies de los caballos y te levantas tarde, con mal cuerpo y sin haber hecho la compra. Lo único que tienes es una lata de sardinas en aceite. ¿Puede tejerse alguna gastronómica cesta medianamente decente con tan escuálidos mimbres? El fracaso acecha. Vale, reconozco que no es un miura, pero como tampoco es uno José Tomás, la cosa acojona. Aunque bien pensado, lo que debe acojonar de verdad, es levantarse un día, mirarse al espejo y ver que te has convertido en José Tomás. En tarde de toros. Para eso no tengo solución todavía. Para lo de las sardinas sí. Una receta con la que cortarás el rabo. Orejas no, porque como todo el mundo sabe, las sardinas son sordas.

faena de sardinas a la plancha

Ingredientes: 1 lata de sardinas en aceite, perejil, aceite de oliva virgen extra, 1 limón y sal gruesa.

Preparación: abrimos la lata y escurrimos el aceite (no por el fregadero, por favor, que luego va al mar, nos quedamos sin sardinas y a ver qué enlatamos el año que viene). Apoyamos un cuchillo en el medio de cada sardina y, presionando un poco, veremos que se abre fácilmente por la mitad. Les quitamos la espina y ponemos tres o cuatro mitades (las que nos veamos capaces de manipular rápido y sin agobios) en la sartén previamente caliente y sin aceite (con el que les queda de lata aunque las hayamos escurrido bastará). Primero por el lado sin piel un momento, luego les damos la vuelta rápido y les ponemos un chorreón de limón, un poco de perejil y un poco de sal gorda. Las mantenemos un segundo más y fuera. Repetimos la operación con todas las sardinas y las ponemos en el plato de servir con un poco de aceite de oliva por encima y espolvoreándolas con un poco más de perejil. Como en la mismísima playa, oiga.

Lasaña de langosta Fantasma

Fantasma por lo de chula y presuntuosa, y fantasma porque de langosta lleva lo justito. Un 4% en la salsa, para ser más exactos. Pero eso no debe desanimarnos (más bien al contrario, como buenos amantes de la impostura) porque queda estupenda y os da la oportunidad de utilizar una lata Campbell´s que, yo al menos, siempre había querido utilizar y nunca había sabido cómo. Una pequeña delicia para disfrutar con los amigos (o solo, en plan egoísta, con dos narices) o para fastidiar (cocinados en su propia y malsana envidia) a los enemigos.

lasaña de langosta fantasma

Ingredientes: 1 lata de crema de langosta Campbell´s (que asegura llevar un 4% de extracto de langosta), 1 docena de langostinos (de los que venden ya cocidos, por ejemplo), 1 paquete de "lasaña fácil precocida" El Pavo (son las placas de pasta para hacer la lasaña, hay más marcas pero yo suelo usar estas y van bien) 1 cebolla grandecita, salsa de soja, pimentón picante y aceite de oliva virgen extra.

Preparación: lo primero es poner las placas de pasta que vayamos a usar (cuatro en este caso) en agua caliente (no hirviendo, caliente) unos 10 minutos mínimo para que se ablanden. Abrimos la lata de crema de langosta, la vaciamos en un bol y poco a poco y mezclando bien le añadimos media lata más (en el envase dice una lata entera pero no hacemos caso) de agua caliente. Luego picamos la cebolla bien picadita y la ponemos a sofreír con un poco de aceite. Mientras se va dorando, pelamos los langostinos y los cortamos en pedazos pequeños. Cuando veamos la cebolla ya hechita, añadimos los trozos de langostino a la sartén y les damos una vuelta para que cojan un poco de color. Es el momento de ponerle un poco de pimentón picante (no es imprescindible pero le da un saborcillo muy interesante) darle una vuelta y añadir un buen chorreón de salsa de soja y dos o tres cucharadas soperas de la crema de langosta. Lo dejamos hacerse un poco, mezclándolo bien, y ya tenemos el relleno de la lasaña. Nos tomamos un vinito para darnos un respiro y mientras se calienta el horno a 210 grados, acometemos la segunda y fundamental fase.

En una fuente de cristal Pyrex (resistente al calor) extendemos una capilla de crema de langosta y ponemos la primera placa de pasta. Sobre ella extendemos una capa del relleno que hemos preparado, distribuyéndolo bien, y lo tapamos con otra placa de pasta. Sobre ella volvemos a poner relleno y a tapar. Repetimos la operación una vez más, tapamos con la placa de pasta y recubrimos bien todo con la crema de langosta que nos había sobrado. Se mete al horno y en 15 minutos tendremos una lasaña marisquera de lo más impresionante.

El toque final: antes de meterla al horno le puse un langostino crudo, partido en pedazos, por encima para que se hiciera al horno con la lasaña. Ya que lleva algo de marisco, presumamos. Antes de servirla le espolvoreé por encima con un poco de pimentón (normal, no picante) de calidad. Para hacer bonito, más que nada.

Txangurro 4x4

Aunque tiene nombre de coche todoterreno, se trata de una receta impostora muy popular, que podría también llamarse "centollo a la David Copperfield", como el ilusionista, porque lo del centollo es sólo una ilusión. Probé uno muy rico en el afamado "chef Guru" y no quería dejar de dar mi propia versión basada en la mnemotécnica receta del 4x4 que son sus ingredientes y cantidades. Qué mejor momento para una mariscada impostora que el día de Nochebuena. Porque digo yo que al Niño, al portal, los Reyes le llevaron oro, incienso y mirra. Y lo del oro pase, pero dado el día que era, más que incienso y mirra, lo suyo hubiera sido llevarle unos percebes. Angulas no, porque eso ni siendo rey. Ni mago.

txangurro 4x4

Ingredientes para uno: 4 palitos de pescado (surimi), 4 anchoas, 4 mejillones al natural de lata, 4 cucharadas de mayonesa.

Preparación: en un vaso para batir (o cualquier recipiente en el que se pueda trabajar con la Minipimer) echamos, previamente troceados, los palitos, las anchoas, los mejillones y las cuatro cucharadas de mayonesa (sin colmo, más bien justitas). Minipimer en ristre, lo batimos lo justo para mezclarlo bien, pero sin pasarnos para que no se nos convierte en un puré. Es importante que tenga una textura con tropezones. Es más, si os ha sobrado un palito de pescado lo cortáis en tres pedazos y lo deshacéis con las manos. Os saldrán unas fibras de pescado que revueltas (ya sin batidora, con un tenedor) con la mezcla que había, le aportarán al invento más credibilidad al imitar el contenido de las patas del centollo. Un rico manjarcillo navideño para deleite de nuestro paladar, que nos recordará que el marisco existe aunque no esté al alcance de nuestros bolsillos.

Versión Extra: el descrito arriba es el equipamiento básico (con un par de gambones cocidos de adorno, eso sí), pero como cualquier 4x4 que se precie, tiene versión extra luxury. Txangurro en euskera define tanto al centollo como a la preparación que de éste se hace en el País Vasco. Para acercarse más al original se le podría añadir, por ejemplo, una cucharadita de brandy al poner los demás ingredientes y pasarlo por la Minipimer con ellos. Y ya para nota, se puede colocar el preparado en una cazuelilla de barro, espolvorearlo con pan rallado y un poco de perejil picado, rematándolo con una bolita de mantequilla. Calentamos el horno y ponemos la cazuela a gratinar hasta que se dore el pan rallado. Ya no es que engañe, es que no echas de menos el centollo.

Salmón al hojaldre

Inauditamente fiel a mis compromisos, y tras meterme
en el jardín de garantizar que habría una especial
oferta de recetas impostoras para Navidad, he aquí
la primera entrega. Un plato para personas solitarias que
no se resignan a comer mal por estar solas en
Nochebuena. Un plato sencillo de hacer, pero que tiene
suficiente prestancia como para dar color y
apariencia festiva a una mesa para uno. En cualquier
caso es bueno recordar que Papá Noel siempre cena solo.
Antes cenaba con los renos, pero el médico le prohibió
la hierba. Tanta risa le resultaba sospechosa.

salmón al hojaldre

Ingredientes: 1 lata de salmón Calvo en aceite (es un poco más grande que las latas normales, pero se encuentra fácilmente), 1 bote de salsa tártara (en este caso Calvé), 1 paquete de masa de hojaldre Nestlé.

Preparación: encendemos el horno y ponemos el termostato a 220 grados. Previamente hemos retirado la placa (esa misteriosa bandeja negra que tiene en su interior) y extendemos sobre ella la masa de hojaldre con el papel de cocción que lleva. Con un cuchillo la cortamos por la mitad (nos sobrará) y guardamos el resto. Abrimos la lata de salmón, escurrimos el aceite, y con cuidado y la ayuda de un cuchillo, sacamos el lomo de salmón procurando que nos quede entero. Lo ponemos sobre el hojaldre y con una cucharilla le untamos sin miserias una capa de salsa tártara por encima. Con astucia y pericia (o como siempre) procedemos a plegar la masa haciendo un paquetito. Se corta lo que sobre y se pliegan los bordes sellándolos con los dedos como si fuera plastilina. Si nos da el día artístico, con un recorte de masa hecho un rulito podemos poner un adorno por encima. Cuando esté caliente el horno introducimos la bandeja hacia la mitad y dejamos allí el hojaldre hasta que esté dorado, lo que sucederá en unos diez minutos. A algún pesimista puede parecerle un poco triste eso de hacer un plato impostor para engañarse a uno mismo, pero la tristeza va incluida en el lote: no en vano es Navidad.

Arroz con Níscalos Farsantes

Pocas cosas apetecen tanto con el frío como un arroz caldoso calentito. Pero algo tienen los guisos de arroz que asustan un poco y retraen al cocinero menos avezado. Parece cosa de abuelas, o de brujas, o de druidas barbudos de Astérix. Pues eso se acabó. Rompamos otra nueva barrera gastronómica y sorprendamos a propios y extraños con un guisote campestre y reconfortante, de los que te hacen quedar como un experto aunque lo más cerca que hayas estado de una cocina es cuando vas a coger cubitos de hielo para el cubata.

arroz con níscalos farsantes

Ingredientes para 2 personas: 1 lata de rovellones de la marca Cidacos ("rovellon" es la forma catalana de llamar al níscalo, y es como viene escrito en la lata, pero se encuentran fácilmente en cualquier Carrefour, por ejemplo), 1 paquete de taquitos de jamón, arroz marca Brillante (no se pasa y hace más fácil que el arroz quede en su punto), 1 patata grandecita, 1 cebolla mediana, 3 dientes de ajo, pimentón picante, aceite de oliva y sal.

Preparación: en una cazuela ponemos un chorreón de aceite a calentar y echamos uno de los dientes de ajo picadito. Cuando se haga un poco, añadimos los otros dos dientes de ajo enteros pero un poco espachurrados y la cebolla picada. Cuando veamos que se va haciendo, le ponemos un poco de sal, añadimos un puñado de taquitos de jamón (o dos si eres muy cerdófilo), y le echamos los níscalos escurridos y troceados en pedazos medianos, dejando que cojan un poco de color. En el último momento ponemos una cucharadita de pimentón picante (que le va a dar al guisote un toque rústico-campestre muy de agradecer), removemos un poco más y le agregamos un litro (larguito) de agua. Cuando hierva le ponemos la patata cascándola (esto es, cortando un poco con el cuchillo y luego rompiendo el trozo; así suelta almidón y queda el guiso más hilado) en pedazos no muy grandes y dejamos todo borboteando unos cinco minutos. Llega entonces el momento de echar el arroz.

Un par de puñados (un montoncillo en el cuenco de la mano) por persona y otro puñado extra más (para las ánimas del purgatorio, decían antes las abuelas). Ya sólo queda estar un poco atento por si se nos queda sin caldo y hay que añadir un poco más de agua, y cuando lleve un rato, probar para ver si está a nuestro gusto de sal. En unos 20 ó 25 minutos tendremos el arroz en su punto, lo que podéis comprobar empíricamente, probando unos granillos de arroz recogidos del guiso con una cuchara y siguiendo la vieja máxima: desde que se inventó el soplar, quemarse es de tontos.

Acuática continencia: la gracia del arroz caldoso es que tenga un caldo hilado, no que sea una sopa en la que flotan cosas dispersas. Es por ello más que recomendable no pasarse con el agua y añadir de a poquitos la que fuera menester.

Pollo al Sobre (de Sopa)

No es de extrañar que las mafias internacionales de cocineros tengan a Falsarius Chef (es decir a mí mismo) en sus listas negras. Esta sencilla, a la par que elegante, preparación de pollo al horno os introducirán en el sofisticado mundo de los secretos mejor guardados de la alta cocina, del ingrediente secreto que nadie os quería revelar: los sobres de sopa de cebolla. Tendré que acogerme a un plan de protección de testigos o algo de eso pero ya no podrán detenernos. Se pongan como se pongan la impostura prevalecerá.
Oye, y además queda muy rico.

pollo al sobre (de sopa)

Ingredientes: 1 bandeja de pechugas de pollo fileteadas (tal cual las venden en el súper), 1 sobre de sopa de cebolla (marca Knorr en este caso), 1 bote de leche evaporada Ideal.

Preparación: precalentar el horno a 200/210 grados. Mientras tanto darle un repaso a los filetes de pollo y recortarle los pellejillos sobrantes y las partes que pudieran estar más feas o duras (e incluso cortar en dos o en tres los filetes, convirtiéndolos en filetillos, que luego se sirven mejor). En un recipiente se pone la leche y se va añadiendo poco a poco el contenido de la sopa de cebolla, removiendo con un tenedor para que se mezcle bien. Ya solo queda coger una fuente de cristal resistente al calor (tipo Pyrex) y colocar el pollo bien extendido por la superficie. Lo cubrimos con la mezcla de leche y sopa de sobre y lo dejamos 20 minutos en el horno. No hay más. Veréis qué lucimiento y qué cosa.

Adenda: la sopa de cebolla de sobre es un complemento farsante maravilloso: sazona rico, gratina espectacular al horno y tiene innumerables posibilidades. Un recurso imprescindible en la despensa del impostor. Por otro lado quiero mandar un saludo a Eugenia la Bella de El Puerto, musa inspiradora de esta receta.

Patatas Tandori

Te has levantado con el día exótico casquivano y quieres sorprender a tu pareja con un menú original y sugerente. Pero llega la hora y no tienes cuerpo, no tienes tiempo, ni ganas de cocinar. Pues bien, o llamas a "tele-rollito", el chino de la esquina (y allá tú tus carnes morenas) o apuestas por esta receta hindú tan falsa como los dragones del chino, pero capaz de trasladarte a las idílicas playas de la mismísima Goa, que es un sitio idílico de la India, que os lo digo yo que soy un hombre viajado. Y que tiene Google.

patatas tandori

Ingredientes: 1 bote de patatas cocidas, 1 bote de salsa Tikka Masala (medium) de Patak´s (un curry preparado indio que se encuentra sin problemas), 2 latas de mejillones al natural, 1 paquete de queso rallado emmental y sal.

Preparación: lavamos las maravillosas patatas de bote por las que siento debilidad bajo el grifo y las ponemos a hervir durante dos minutos. Se escurren y se ponen en un bol. Se salan un poco y se les añaden 4 ó 5 cucharadas del curry (yo le pongo también una cucharadita pequeña de salsa Sambal Oelek -otra de mis debilidades- y lo mezclo bien, lo que le aporta un toque extra de picante que es India pura) se remueve bien para que se impregnen las patatas, añadiendo los mejillones, previamente escurridos, al final para que no se desmenucen. Trasladamos la mezcla a una bandeja de cristal tipo Pirex (resistente al calor), la cubrimos con el queso rallado y la metemos en el horno precalentado a 200 grados, hasta que el queso quede fundido, gratinado y apetitoso. Eso es todo. En total, no más de veinte minutos. Estaríais todavía deletreándole infructuosamente la dirección al chino que os atiende.

Chanquetes a la Greenpeace

Desparramando ya cerebralmente como un Al Gore
gastronómico, Falsarius Chef se embarca en una
febrilcruzada en defensa de nuestros peces inmaduros.
¿Quién mejor para hacerlo que alguien tan inmaduro
como los propios peces? He aquí una receta engañosa
como la que más, sorprendentemente rica,
con aires de verano y chiringuito,
y respetuosa con el medio ambiente.

chanquetes a la greenpeace

Ingredientes: 1 paquete de gulas, 1 caja de "rebocina" Royal (preparado instantáneo para rebozados que se encuentra en cualquier súper), un poco de harina, aceite de oliva, sal y 1 limón.

Preparación: se abre el paquete de gulas y se ponen en un plato hondo con un poco de harina. Se remueven bien con las manos. Al hacerlo perderán humedad y quedarán ligeramente blancas. No deben quedar con pegotes de harina, simplemente enharinadas. En otro plato hondo se pone la rebocina (no toda, claro. Pones unas cucharadas y si ves que te falta, haces más) y se le añade agua poco a poco. Para esta receta es importante que nos quede una masa más bien espesota. Se remueve bien y se deja reposar un par de minutos. Mientras tanto se puede poner aceite abundante en la sartén y dejar que se caliente. Cogemos las gulas y las pasamos por la masa de rebozar, procurando que queden bien cubiertas. Cuando el aceite esté caliente se van echando con cuidado. Lo ideal sería de una en una, pero si se te juntan dos o tres tampoco pasa nada. No te dará tiempo a echar muchas porque se doran enseguida, así que las vas haciendo de pocas en pocas y sacándolas a un plato con un papel absorbente. Cuando estén todas escurridas de aceite, se ponen en un plato con un poco de sal por encima. Justo antes de comérselas, unas gotas de limón sobre la fritura, completarán la sensación de estar devorando una auténtica ración de los casi extintos y añorados chanquetes.

Nota de artefactos: naturalmente esta receta es mucho más fácil de hacer si se tiene una freidora. No obstante yo la he hecho varias veces en sartén y palilla de agujeros en ristre y no tiene mayor complicación.

Empanada de sardinas en lata (sin la lata...)

Sin la lata de preparar un relleno, sin la lata de hacer una masa de hojaldre, sin las latas múltiples y engorrosas que da una receta clásica de empanada, y sin la lata metálica, claro, ya que su ingesta puede ser causa de molestos desarreglos estomacales. El invento es tan sencillo que casi da vergüenza contarlo, pero queda tan rico que si me guardara el secreto sería un cabrito.

empanada de sardinas en lata (sin la lata...)

Ingredientes: 1 lata de sardinas con tomate (hay cientos de marcas, yo esta vez he probado unas de la gallega marca Alteza, que han salido muy ricas y con el tomate en su punto), 1 paquete de masa de hojaldre Nestlé.

Preparación: sobre la placa del horno (esa bandeja negra que hay en su interior y que solemos utilizar para ocultar en plan astuto las sartenes sucias) extendemos la masa de hojaldre con el papel de cocción que lleva. Con un cuchillo la cortamos por la mitad (nos sobrará) y guardamos el resto. Encendemos el horno y ponemos el termostato a 220 grados. Mientras se calienta, volcamos la sardinas en un plato y con un cuchillo y un tenedor las abrimos por la mitad (lo que se consigue de una forma sorprendentemente fácil: pones el cuchillo en el medio, aprietas un poco y se abren solas. Oye y te sientes como un profesional, lo que es buenísimo para el ego). Se les quita la espina central y se ponen abiertas sobre el hojaldre, dándoles una forma más o menos cuadrada, echándoles el tomate que traían por encima. Se pliega el hojaldre sobre sí mismo con cuidado haciendo un paquetito, se quita lo que sobre y se pliegan los bordes sellándolos con los dedos como si fuera plastilina. Los dientes de un tenedor te pueden ayudar a que el borde quede bien cerrado y luego las marcas quedan bastantes chulas. Cuando esté caliente el horno introducimos la bandeja y dejamos allí la empanada hasta que esté dorada, lo que sucederá en unos diez minutos. Y aunque pueda parecer mentira, queda exquisita, oiga.

Dando más la lata: esta receta de empanada monodosis para una sola persona, admite muchas variantes en el relleno. Yo, por ejemplo, la hago también con zamburiñas de lata (las de Albo en salsa son estupendas) quitándoles el aceite sobrante (dejando sólo la salsa más consistente) y troceándolas un poco antes de ponerlas de relleno. Admite también muy bien el pulpo en salsa americana e, incluso, las sardinas en aceite sobre todo sin las acompañas con media cebollita muy picada y sofrita en un poco de aceite, en la que echas las sardinas escurridas y le das una vuelta rápida en el último momento.

Bacalao Justiciero

El pescado impresiona. Llegas a una cena en casa de alguien y ves que te sacan un pez a la mesa y dices, aquí hay nivel. Y tú que cuando vienen a casa les largas la Findus cuatro quesos, con un poquito de orégano por encima para disimular, te sientes fatal. Pues bien, eso se acabó. Con un paquete de bacalao congelado, unas gulas y poco más, las visitas van a mirarte con un insólito respeto. Descubrirás qué dulce es la venganza de los torpes.

bacalao justiciero

Ingredientes digamos para 2: 1 paquete de bacalao congelado de 400 g. (hay varias marcas, Pescanova y demás. Éste era Dimar, que viene ya al punto de sal) 1 paquete de gulas de 125 g. , 1 vaso de vino blanco (si es bueno, mejor), 3 dientes de ajo, 1 cayena (guindilla pequeña), romero, un poco de sal y aceite de oliva virgen extra.

Preparación: En una fuente Pyrex, en cuyo fondo habremos puesto un poco de aceite, colocamos los trozos de bacalao previamente descongelado, con la piel hacia abajo y moviéndolos un poco para que la base se impregne un poco del aceite. Y lo dejamos ahí. Picamos el ajo y lo ponemos a dorar con una cayena (una guindilla pequeña) en una sartén con un poco de aceite de oliva. Cuando veamos que coge color, añadimos las gulas, un poco de sal (poco, que el bacalao ya trae) y le damos unas vueltas con el fuego vivo. Añadimos un chorreón de vino blanco (el que sobre, si estaba fresquito, puedes aprovechar y bebértelo, que esto de cocinar es muy duro y hay que darse un homenaje de vez en cuando) y dejamos que se evapore un poco el alcohol, mezclando bien. Extendemos las gulas así preparadas sobre el bacalao, le espolvoreamos un poco de romero por encima y lo metemos en el horno precalentado a 210 grados. En 5 ó 6 minutos, el condumio estará listo y la venganza consumada. La pizza congelada Findus, si os da lástima, la podéis poner de segundo. Pero yo, francamente, no os lo recomiendo.

Para nota: si mientras está en el horno, con precaución y una buena manopla, agitáis un poco la fuente un par de veces, el bacalao soltará mejor su gelatina y la salsa os quedará más hilada y rica. Procurad no quemaros que el aroma a pelillos chamuscados casa fatal con el bacalao.

Guiso Marinero a la Obama

Hay un tabú contra los guisos en verano. Le propones a alguien en estos días comerse un guiso y lo más normal es que le diga al perro que te muerda y que de paso te orine por inoportuno. Pero hay una palabra que lo cambia todo. Es "marinero". Tú dices por la noche en la terraza de moda de la costa que te has zampado un guiso marinero, poniendo cara de entendido y de que has descubierto un garito secreto de pescadores, y tienes media batalla ganada. Eres un capullo, eso sí (un pequeño daño colateral) pero triunfas fijo. Pero miras tu desolada despensa "verano style" (por decir vacía de una forma pomposa) y no ves nada que pueda llamarse marinero. Lo más parecido, una lata de calamares en salsa americana de esos que rondan siempre por las despensas como perrillos callejeros abandonados, sin que nunca les encontremos acomodo. Pues vuelve a mirarla que es tu salvación. Esos pequeños cefalópodos son para ti lo que Obama para Estados Unidos: una nueva esperanza, la promesa de tiempos mejores, lo que no es Bush, que ya es mucho. No te preguntes qué pueden hacer tus calamares por ti, piensa qué puedes hacer tú por tus calamares. Pues mira, ponerlos con unas alubias de bote, un poco de cebolla y convertirlos en un guiso marinero tan rico que, pese a llamarse Obama, hasta a Hillary le gustaría.

guiso marinero a la obama

Ingredientes: 1 bote de cristal de alubias blancas, 2 latas de calamares en salsa americana, 1 bote pequeño de cebolla frita, 5 dientes de ajo, aceite de oliva, pimentón y sal.

Preparación: puchero, unas gotas de aceite, aplastas un poco los ajos para que suelten mejor el sabor y los echas enteros, con piel incluida, para que se vayan dorando. Añades la cebolla frita, le das un par de vueltas con la cuchara de palo, metes un poco de pimentón, remueves más y le pones dos dedos de agua. Dejas que las verdurillas hiervan durante 5 minutos (para que se ablande un poco el ajo) y vuelcas dentro las alubias como vienen, con su jugo y todo, añadiendo un poco de agua si ves que falta. Vuelves a remover y las dejas otros 5 minutos hirviendo a fuego suave. Como están precocinadas, bastará. Es el momento de añadir los calamares en salsa americana, dejar que vuelva a hervir y retirar del fuego para que no se pongan duros. Dejamos reposar el guiso un rato para que las alubias acaben de coger sabor y lo contrario de Bush, es decir, listo.

Mousse de Bricolate

De repente qué calor, cómo apetece un postre fresquito. Qué facilones somos los gordos buscando excusas. Además de un pretexto para entregarnos a la lubricidad dulcera, esta receta es un pequeño homenaje a esos programas de bricolaje a los que tanto dedo magullado y sanguinolento debemos, y a los padres de los presentadores de quienes tanto nos acordábamos mientras un cirujano intentaba reimplantarnos el brazo que nos habíamos amputado con la sierra de calar. Y es un homenaje porque en esta receta, más que cocinar, vamos a hacer trabajos manuales como hacen ahora mucho los grandes maestros de la gastronomía. Para ello utilizaremos un sofisticado aparato que, con un fluido frigorégino y mediante transferencia de calor, enfría los alimentos. Se llama nevera. Que tiemble el Adriá.

mousse de bricolate

Ingredientes: 1 pack de mousse de chocolate Nestlé (vienen 4 y nos viene bien porque aunque en la foto parece más grande, son pequeñas), crema de queso de cabra President, mermelada de frambuesa.

Preparación: retiramos la tapa y, en el mismo recipiente, con una cucharilla y bastante cuidado ahuecamos un poco el interior de la mousse, procurando que las paredes y el fondo queden intactos. Rellenamos el agujero con un poco de mermelada, primero, y crema de queso después. Repetimos la operación en los cuatro envases, variando si queremos el relleno (por ejemplo, la mermelada de naranja amarga, le va estupendo también). Tapamos el pack con plástico transparente de cocina y lo metemos en el congelador. Cuando esté congelado y queramos utilizarlo, sacamos el producto (1 o los 4, según la bajada de glucosa que nos acometa) y procedemos de la siguiente forma. Cogemos un cuchillo fino y con buena punta y lo introducimos por un lateral del envase, llevándolo hasta el fondo. Si presionamos un poco, veremos que lo traspasa con sorprendente facilidad (como si fuera papel). Vamos girando el cuchillo por todo el borde y a la vez que separamos la mousse, vamos cortando el fondo hasta dejarlo completamente suelto. Pero no lo quitamos. Ponemos un poco de mermelada en el plato en que vayamos a servir, ponemos encima el envase volteado de nuestro postre y presionamos el fondo suelto hasta que el contenido se deposite en el plato con toda facilidad. Se tarda bastante más en contarlo que en hacerlo. Que conste.

Nota: antes de sacar a la mesa es conveniente dejarlo descongelar un ratito a temperatura ambiente, Para que no esté como una piedra, más que nada.

EL CÓDIGO FALSARIUS

Sigue sin saberse mucho sobre Falsarius Chef, aunque abundan los rumores. Últimamente le ha dado por decir que está perseguido por las peligrosísimas mafias internacionales de chefs, que quieren liquidarlo por desvelar sus secretos. Aunque él mismo asegura que cuando se toma la medicación esta idea ya no está tan clara, es lógico que este hecho no contribuya precisamente a volverle más comunicativo. Máxime si como asegura, las mafias de chefs estuvieron detrás del asesinato de Kennedy (que iba a revelar en Dallas que la salsa bolognesa de un conocido restaurante italiano de Nueva York la hacían con albóndigas de lata); del presunto envenenamiento del Papa Juan Pablo I (cuyo afán por develar el tercer secreto de Fátima, una receta impostora del bacalao dourada, le llevó prematuramente a la tumba) y hasta del mismo Jesucristo cuyo conocido milagro de los peces y los panes amenazaba gravemente al gremio de la hostelería en Tierra Santa. Y como el propio Falsarius argumenta, si se cargaron a un presidente de los Estados Unidos, a un Papa y hasta al mismísimo hijo de Dios, ¿qué no le harían a un simple cocinero impostor como él? Esperemos que la pregunta quede sin respuesta.

LA COMPAÑÍA

ÍNDICE DEL RECETARIO

Para dudas, consultas, más recetas, insultos o imprecaciones varias visite el blog de Falsarius:

cocinaparaimpostores.blogspot.com